AF351653

El forzado inicio de la era digital
© Carlos Cáceres Valdebenito, 2020
© Editorial Ígneo, C.A., 2020
Caracas, Venezuela
© Para esta edición con el sello Ediquid, 2020
Lima, Perú

www.grupoigneo.com

Correo electrónico: contacto@grupoigneo.com
Facebook: Grupo Ígneo | Twitter: @editorialigneo | Instagram: @grupoigneo

Colección: Pensamiento

ISBN: 978-980-7641-64-7
DC2020000479

EL FORZADO INICIO DE LA ERA DIGITAL

Carlos Cáceres Valdebenito

EDIQUID

Contenido

PRÓLOGO

El 2020 vaya que nos ha sorprendido. Desde sus primeros pasos, cuando aún el calendario no marcaba ni una semana, nos regaló varios sucesos.

Luego, como un eco lejano, venía cabalgando la llegada de un virus, que era mortal, decían. Lo vimos lejos, al otro lado del mundo. Sorprendidos por cómo la gente hablaba de eso, las noticias, los testimonios. No imaginábamos esa escena de estar encerrados y las calles desiertas.

Luego, llega a otros países, la mortandad aumenta, China se queda en pañales ante lo que sucedió en otros terrenos.

Un día, era el mal del mundo. Ahí todo cambió fuertemente, o no, cambió en 2019, pero nos dimos cuenta cuando los noticieros del mundo hablaban de sus propias cifras.

En este libro procuro llevarte de la mano del análisis de lo sucedido este 2020 pero no me quedo solo allí, abordo el tema del teletrabajo y la situación con este.

Muchas empresas, que estaban y no estaban preparadas para este suceso, quebraron y muchas otras nacieron. Te hablo de que estos tiempos de aislamiento son perfectos para explotar ese creador que tenemos dentro.

Te hablo del mundo digital, las monedas, las firmas digitales, la proliferación de las videoconferencias, etc.

Hablo de las Tecnologías de la Información y las Comunicaciones (TIC) y su impacto en estos tiempos de pandemia, además de los consejos que te doy para que le saques el mejor provecho.

Aprovecho de narrar lo que ha sucedido con los crímenes digitales y las formas en las que te puedes proteger y proteger a tu familia.

Te muestro las oportunidades de las criptomonedas y por qué esta es la década de ellas. Y finalmente te hablo de tecnología, inteligencia artificial, los cuidados que debemos tener y lo que nos depara el futuro.

Un libro necesario para comprender el contexto de lo que sucede ahora en el mundo.

CAPÍTULO 1

BREVE ANÁLISIS SOBRE LA SITUACIÓN SALUD DE 2020

Antes de arrancar con este capítulo, quiero que hablemos del impacto que tiene el tema salud 2020 en las personas, en la sociedad y en la economía, porque mientras redacto este libro, que sentí desde el fondo de mi pecho que tenía que hacer, aún hay países con personas encerradas en sus casas, con la economía detenida, con negocios que han cerrado, con emprendedores clamando ayuda a sus gobiernos y estos haciendo lo que pueden acorde a la situación de cada uno.

Vaya, entonces las cosas no pintan bien, incluso Robert Kiyosaki habló hace poco del tema en una entrevista y es preocupante lo que dice, lo cual veremos más adelante; por tanto, este primer capítulo lo abordamos con un análisis de situación para luego emprender unos consejos que puedes aplicar en tu vida.

IMPACTO SOCIAL

Cada uno de los países en su momento, cuando vio que la infección se acercaba a sus naciones, lo que hizo fue prevenir. Algunos tomaron acciones más rápido que otros, buscando implementar el sistema de salud, mejorando las unidades de cuidados intensivos, ayudando a quienes lo necesitaran y aplicando apoyos sociales.

Además, comenzaron a analizar las formas en las que podrían enfrentar la situación con la economía y los afectados.

Las consecuencias económicas se vieron pronto. Esto a nivel social generó impacto, miedo, personas en sus casas, encerradas, preocupadas por no tener dinero, por no tener empleo porque su empresa cerró, con niños, que a veces con el encierro crudo se ponen un poco más tensos, más traviesos o llorones, sucede que, así como nosotros estamos mal porque tenemos esta situación, ellos lo están también, a lo mejor ven nuestra preocupación, captan conversaciones y esto les afecta, aunque no lo creamos así.

Esos países con economías débiles han recibidos duros golpes, el impacto social es duro y se tiende a subestimar, especialmente cuando los gobiernos, que sacan dinero de emergencia, se van por otros canales y no llega al pueblo.

Solo basta indagar un poco en las noticias de los meses de 2020 para ver cómo ha habido situaciones de dineros desviados que iban para familias de bajos recursos. Para poner un ejemplo, en una ciudad de Colombia un alcalde fue destituido por desviar una millonada de pesos o por remarcar unos costos de productos. Como diría el propio presidente de esa nación: una canallada. Pero estamos sujetos a eso.

Los recursos no se distribuyen de manera equitativa en la economía, hay sectores que podrían beneficiarse, mientras otros sufren. Pero los principales afectados son los que tienen problemas directos ante la situación de la pandemia.

Hay sectores como la salud pública y privada que sufren con esto. La hospitalización, el control clínico, la terapia a pacientes, la lucha de esta enfermedad y la vigilancia de laboratorio tienen costos que colapsan los controles y los brotes.

Para los trabajos, la epidemia causa ausentismo laboral de los enfermos y los cuidadores o reduce la eficacia en el trabajo. Esto altera la productividad, los comercios, el transporte y toda la economía en general.

En cuanto a las empresas farmacéuticas, estas se benefician producto de los brotes, las aseguradoras de salud asumen costos, al menos en el corto plazo. Los más afectados son los pobres que pagan los costos altos y quienes ven más limitadas sus condiciones, por ejemplo, personas con citas programadas por temas de salud no pueden ir porque no hay, pausadas por ahora. Personas que tienen control cardiológico, control de diabetes, control de peso y tantos otros controles deben quedarse en casa, lo cual genera estrés y preocupación ante la fragilidad del sistema de salud ante esta situación médica. Operaciones programadas que pudieran postergarse se postergaron.

Siempre surgen preguntas sobre lo que será el mundo despúes de esta situación y cómo podemos actuar para adecuarnos y las herramientas que tenemos disponibles por todo este terrible trance por el que atravesamos. Los empleos es una pregunta y cuando te diga lo que dijo Kiyosaki más te preocuparás. El mundo se prepara para condiciones difíciles y tenemos que prepararnos para ello, sin duda alguna.

PREVENCIÓN, LA MEJOR POLÍTICA PÚBLICA

Nos vendieron que prevenir era la mejor acción que podíamos tomar ante esta situación. Por eso, tenemos que usar herramientas adecuadas y las hemos usado este tiempo. El estar preparados es adoptar medidas iniciales que limiten la propagación de una enfermedad ante un brote y tener tratamientos disponibles.

¿CUÁLES PUEDEN SER LAS CONSECUENCIAS SOBRE EL PIB?

Si vemos esto a nivel económico, punto que trataré más a profundidad un poco más adelante, esta puede ser una de las consecuencias más temidas y causar efectos en el PIB o el Producto Interno Bruto, afectando el presupuesto.

El gran temor con esto es la propagación que afecta de manera negativa la economía, las cancelaciones de los viajes, los eventos, la restricción de movimiento de las personas, el turismo, los viajes de negocios, las limitaciones para mover mercancías, el abastecimiento. El ir a hoteles, tiendas, escuelas, ese mundo de actividades que le mandan a los niños en el hogar, quienes ahora estudian más que lo que estudiaban en casa y genera un impacto social para los pobres.

En unas noticias de CNN hablaban de que tenían que controlarse los actos violentos contra los niños en el hogar mientras se hacían las tareas, nada de golpearlos con palmadas, nada de darles con correa y otros elementos al estilo de los años 1950 cuando molían a palos a los muchachos, nada de ponerle manos en el fuego, sí, así dijo un especialista.

¿Tan tensos andan en el hogar?

Ni hablar del aumento de los divorcios. Expertos dijeron que en China, luego de que se superó la pandemia, se vino una tasa de divorcios increíble. Todo producto del encierro, lo cual se ha visto en distintos países, que en los días de encierro han multiplicado las denuncias de violencia doméstica, sin contar todas esas mujeres que se quedan en silencio y jamás denuncian.

No es fácil.

IMPACTO ECONÓMICO

Ahora sí, vamos a ver el impacto económico. Te lo separo por puntos para que comprendas mejor a lo que nos enfrentamos:

Impacto de frente en la producción

La producción en los países se ha visto afectada en muchos aspectos. Sectores se han visto más afectados que otros. Se puede apreciar cómo cierran negocios de fiestas, de comida, peluquerías, de ropa y comercios que dependen directamente del tráfico de la gente.

Muchos hoteles han pedido auxilio, afectados duramente porque no hay turistas y nadie se hospeda. Hasta los moteles se han visto afectados porque los novios y los amantes furtivos no han monetizado sus habitaciones. Y así, todos los sectores tienen problemas duros.

Interrupción del suministro de mercancías vitales

Empresas de manufactura dependen de insumos intermedios, importados, lo cual ha afectado la parte interna. Se puede ver que no hay determinadas materias prima, que la economía ha bajado la velocidad, ya que esas empresas dependen de la fabricación, con bienes intermedios de las regiones afectadas y que no cambian fácilmente de fuente de abastecimiento; la magnitud, el impacto, todo depende de la rapidez que pueda traer más problemas para sobrevivir a la perturbación. Las empresas que se relacionan con temas de viaje y turismo tienen pérdidas que no se van a recuperar.

Ni hablar de las aerolíneas, cierran, piden ayuda y están muy afectadas.

Problemas financieros en las empresas y en los mercados financieros

Los problemas con los insumos, con la producción, podrían poner en tensión a las empresas, en especial a las que no tienen mucha liquidez. Los comerciantes financieros pueden no prever lo que pasa, y este aumento de riesgo puede revelar que uno o más agentes del mercado financiero adopten posiciones de inversión que no son rentables en las condiciones actuales. Lo que afecta más la confianza en los instrumentos y mercados financieros.

Las bolsas se han ido para el suelo de manera abrumadora. Los bonos de las empresas, los apoyos que han dado a los países, se traducen en recesión futura, en crisis económicas en un cambio del paradigma de la economía.

Los posibles escenarios

Cada país puede que pase distintas situaciones de acuerdo con su problemática. Entonces esto que te nombraré puede que desde donde nos lees no haya sucedido, sí haya sucedido o se haya dado de una manera abrumadora que afectó a muchas personas. Veamos:

- **Ya lo peor pasó:** esto es lo que han dicho algunos cuando los números en cifras de enfermos es menor. Cuando los muertos son menos, cuando parece que todo va bien, pero no va nada bien. Mientras se va estabilizando la cantidad de infectados, se cree que hay poco impacto y que las producciones volverán como antes y esto solo fue un trago amargo. Veremos cada país cómo se levanta luego de este duro golpe a sus arcas. Dicen que el PIB de los países se ve afectado en un trimestre, pero los otros son de ascensión. Parte de la producción termina perdiendo y nunca recuperándose. Hay empresas que tienen problemas de suministro. Pero creen que esto es temporal. Los más optimistas lo creen así.

- **Es el año del virus:** la enfermedad se ha propagado. Todos los países o al menos casi todos padecieron la enfermedad, cientos de miles de enfermos, ni hablar de la cantidad aterradora de muertos. No sería exagerado decir que en cierto modo el planeta se detuvo a nivel económico, siguió marchando, pero no al ritmo desenfrenado que traía. Las empresas agiles y que sepan aprovechar han aguantado, otras, se han visto golpeadas casi de muerte o de muerte.

- **El paso para dar ante la pandemia:** los centros de economía del mundo están sujetos a los cierres, la gente está asustada o pasó así. Decisiones difíciles, negocios que operan a cuentagotas, el turismo afectado. Dice la Organización Mundial de la Salud y las Naciones Unidas que se necesita más de un año para tener una respuesta aceptada que dé prioridad a las medidas sanitarias basadas en eficacia y costo para la economía mundial. El PIB sufrió estancamientos, el comercio internacional ni hablar. La recesión es el panorama más evidente de todo esto.

- **Crisis financiera:** los retrasos en los envíos, los calendarios de producción, todo esto genera problemas a nivel de finanzas. El declive de las grandes deudas, los activos como bonos de alto rendimiento, las acciones volando, todo esto expone a los inversores que han sobrevalorado el riesgo. La preocupación por el riesgo de contrapartida aumenta la reducción y se seca el dinero en los mercados. Los bancos centrales se apuran a ayudar. Los mercados y la economía del mundo se recuperan y buscan salir de la recesión en forma de V, aunque Kiyosaki habla de forma de L. Ya les contaré en breve de qué habla.

POSIBLES CONSECUENCIAS POSTVIRUS

Las consecuencias del virus han dejado varios puntos a considerar, y eso lo hemos vivido muchos:

Dependientes de la tecnología

El sociólogo William Davies escribió en The Guardian que lo más parecido a esto que pasamos ahora fue lo que sucedió en los años 1970 cuando aumentó drásticamente el precio del petróleo y la inflación fue más cruda. Este es un claro ejemplo de lo que marcó una ruptura histórica y la forma en la que la economía se puede ver afectada. «Este período marcó el colapso del sistema de postguerra de los tipos de cambio fijos, los controles de capital y las políticas salariales, que se manifestaban con una inflación incontrolable», dice Davies. «También creó las condiciones por las que surgieron líderes como Margaret Thatcher y Ronald Reagan con sus teorías del libre mercado. Trajeron una nueva y amarga medicina de recortes de impuestos, aumentos de tasas de interés y destrucción de las organizaciones de trabajadores. Se impuso un modelo de producción que persiste hasta hoy».

Esta crisis parece más una guerra de recesión. Al final, los que se encargan de formular políticas gubernamentales van a ser juzgados en términos de los miles de personas que mueren. Los asuntos que tienen que ver con vida y muerte causan situaciones drásticas en la economía. En vez de ver esto como un problema de crisis, podrías entenderlo como un evento mundial que permite comienzos nuevos e intelectuales.

También ciertas industrias desaparecerán o se transformarán. Seguramente se extinguirán los medios impresos y serán sustituidos por los medios digitales, la cadena de distribución potenciará los servicios de logística dispensando al cliente de acudir físicamente a lugares de comercio produciéndose ahorros en infraestructura y potenciando la gestión digital y el concepto de Work Everywhere influirá en impuestos, seguridad social, permisos de trabajo y exigencias que se utilizan en la actualidad. Sería muy grato estar sentado en un café de París usando redes digitales y atendiendo pedidos de la ciudad de Punta Arenas y despachando desde Santiago de Chile. ¿Qué visa de trabajo necesito para ello? ¿Dónde pago los impuestos? ¿Dónde pago mi seguro de salud? Por otra parte, veo que las salas de cines pueden perder adeptos, el transporte público se adaptará teniendo pocos pasajeros, reduciendo viajes innecesarios y sirviendo ordenadamente, como en países escandinavos.

¿Quién querrá ser ganado de nuevo? El mundo digital se va a consolidar, lo analógico será cada vez menor. Seguramente volveremos a repasar cosas y consumir menos productos superfluos.

En esta época es mejor poner manos a la obra que dejar entrar un plomero o electricista a casa. La vida al aire libre se va a revalorizar. Se evitarán las aglomeraciones. Seguramente se dejen de ver tan populares las concentraciones masivas.

Cuando se habla de la palabra *pandemia*, se dice todo el pueblo, el virus no comprende de fronteras físicas ni sociales, ni generacionales. En este caso, el pueblo es la humanidad. El nacionalismo no cuenta aquí. Se trata de un virus que se desató en todo el mundo y requiere trabajo del mundo.

«Ante el virus todos somos, efectivamente, iguales; ante el virus los seres humanos no somos más que eso, seres humanos, es decir, animales de una determinada especie que ofrece un huésped a una reproducción mortal para muchos», esto lo escribió el filósofo alemán Markus Gabriel.

Para poder salir de este problema y más fortalecidos, dice Markus: «Cuando pase la pandemia viral necesitaremos una pandemia metafísica, una unión de todos los pueblos bajo el techo común del cielo del que nunca podremos evadirnos. Vivimos y seguiremos viviendo en la tierra; somos y seguiremos siendo mortales y frágiles. Convirtámonos, por tanto, en ciudadanos del mundo, en cosmopolitas de una pandemia metafísica. Cualquier otra actitud nos exterminará y ningún virólogo nos podrá salvar».

Dice que a lo mejor saldremos fortalecidos y mejores, eso nadie lo sabe, porque el problema es que aún no hay una vacuna, cada país es distinto y las medidas que toma cada uno son distintas. No sabemos si se darán rebrotes fuertes o qué pueda pasar.

Para darnos una mejor idea veamos rápidamente lo que dijo Robert Kiyosaki.

ROBERT KIYOSAKI Y EL VIRUS

Robert ha dicho en una entrevista que el mundo se va a ver afectado por esta situación, que la gente cree que volverá a su vida normal, los empleos, que es lo que tanto desea la gente ahora, pero eso va a ser difícil, porque muchas empresas cerrarán y el camino para poder sobrevivir es mantenerse y que los empresarios tomen medidas como lo hace él mismo.

El mundo está en una situación grave. Ahora lo que recomienda es que nos enfoquemos en su cuadrante del flujo del dinero y trabajemos por hacernos independientes y generemos nuestro propio dinero.

Los expertos dicen que la economía será como una V, es decir, caemos y subimos, otros dicen que será una U, caemos y damos la vuelta y subimos, pero Kiyosaki dice que será una L, caeremos y será recto. Entonces nos tenemos que preparar para este escenario.

Veremos qué sucede. Esto parece ser, entre tantas teorías, como los temas de la bolsa de valores, unos dicen que subirá, otros que bajará, y siempre sucede lo contrario a lo que dicen los expertos.

CAPÍTULO 2

EL CRECIMIENTO DEL TELETRABAJO

Teletrabajo, una palabra que era poco conocida para muchos y para otros, era tomada casi como una envidia porque «se la pasa en casa sin hacer nada», cuando los que teletrabajan lo hacen incluso más que los otros que van a una oficina y cumplen unas horas.

Pero ahora, con este tema de trabajar en casa la gente ha podido defenderse y seguir percibiendo un ingreso.

La cuestión es que muchas empresas no estaban preparadas para el teletrabajo y esto ha traído consecuencias. Vamos a profundizar en el tema un poco.

UNA SITUACIÓN PARA LA CUAL LAS EMPRESAS NO ESTABAN PREPARADAS

Muchas empresas se vieron en problemas cuando tuvieron que cerrar y mandar a los empleados a casa; quienes pudieron haberse quedado produciendo, no lo hicieron, porque simplemente no estaban preparados para ello, el teletrabajo era algo que no existía en el diccionario de ellos. Pero luego de semanas de encierro, muchos tuvieron que resolver y adaptarse para enfrentar esto y tener producción. Trabajan desde casa.

La situación vivida por la crisis sanitaria hace suponer que se viene un cambio en las políticas de trabajo de todas las empresas.

Muchos trabajadores de pequeñas, medianas y hasta grandes empresas afirman que les gustaría trabajar desde casa; además, muchas pueden funcionar trabajando desde remoto sin la obligación de regresar a sus oficinas a diario como lo hacían antes del virus.

El Banco de España publicó un informe donde sostiene que el 30 % de la población trabajadora podría hacer el trabajo desde casa, al menos de manera puntual.

Las pequeñas empresas en este punto se vieron afectadas. Según una encuesta de población activa y un análisis de teletrabajo en este país, en los últimos diez años las personas que teletrabajan han aumentado apenas 2,4 puntos porcentuales, hasta situarse en torno al 8 %. El coronavirus ha disparado estas cifras en los últimos dos meses. No ha sido fácil, la verdad, según un estudio de Capterra, el 42 % de las pequeñas empresas no contaban con las herramientas necesarias para trabajar en remoto. Es más, el 76 % lo hace con sus ordenadores y solo el 24 % cuenta con un equipo de empresa.

Por lo tanto, las pequeñas y medianas empresas han tenido que adaptarse a la nueva situación. Para ello, el 31 % tuvo que comprar o instalar el software necesario para poder trabajar. Pero también los trabajadores tienen que aprender a usar herramientas o aplicaciones para poder desarrollar la actividad.

Las empresas que pueden hacer videoconferencias son las que más han crecido. El factor humano puede ver la persona que hace una presentación o habla de un tema que ha provocado que este tipo de aplicaciones se hayan convertido en casi imprescindibles.

Esto también ha supuesto que los trabajadores hayan tenido que aprender a manejar estos programas.

La capacidad de concentración en asa ha sido otro de los retos que han tocado enfrentar. Muchos trabajadores no habían combinado la vida personal con la profesional en el mismo lugar. Según Capterra, un 57 % asegura ser productivo y que la concentración es lo que más les ha costado.

Los autónomos y las pequeñas empresas son los más trabajadores.

A pesar de las circunstancias y las dificultades, los trabajadores por cuenta propia son los que más teletrabajan, según este estudio le siguen las empresas más pequeñas que tienen altas cualificaciones. Esto es por la facilidad que tiene un autónomo o una empresa de pequeño tamaño para poder organizarse. Es más sencillo poner en marcha esta metodología en grupos reducidos, incluso a pesar de la falta de recursos tecnológicos.

La cualificación y la edad son factores que influyen en el teletrabajo, según el informe de esta forma lo más habitual es que sean personas entre los 35 y los 65 años y estudiados en la universidad.

Independientemente de todo lo que te nombré, este es un momento de adaptación. Los independientes, las pequeñas y las grandes empresas tienen que adoptar tecnologías para el trabajo desde casa y tener programas por lo que pueda pasar más adelante. Teletrabajar y aprender a usar las nuevas herramientas son parte de la nueva normalidad laboral.

ES EL MOMENTO PARA LOS EMPRENDEDORES

Muchas empresas con base tecnológica están en posición única para seguir operando, aunque haya situaciones especiales con la crisis de salud. Muchas siguen operando así sea a media máquina desde espacios remotos. Pero en este porcentaje también hay muchas que en un principio vieron grandes dificultades, pues los modelos de negocio cubren sectores que hoy están siendo drásticamente golpeados por el virus.

La perseverancia y la capacidad de reinvención que caracteriza a los emprendedores llevó a muchas empresas a analizar y reinventar los modelos en tiempo récord y tender las necesidades que surgieron con esta emergencia sanitaria. Hay quienes han logrado un gran éxito, otros lo hacen todavía. Todas miran el impacto de este vuelco en el modelo de negocio. Probablemente otros piensan si es necesario o no dar este paso.

Una buena dosis de inspiración es buena, por eso te muestro algunos temas que demuestran que estos son tiempos para emprender y que se puede ganar mucho, a pesar de la situación del mundo.

Camilo Sacanamboy dice ser un especialista para salir de tropiezos. Su vida de emprendedor comenzó desde la universidad, cuando dedicó parte de su vida a crear aplicaciones para hacerse un dinero adicional. Luego dio el salto oficial creando aplicaciones para ferias en Colombia.

Todo aquel que habla de emprendimiento seguramente coincide en que emprender es difícil, y que muchos fracasarán en el intento. Esto es real, claro, hay material en internet a granel que habla de esto. Pero la verdad es que trabajar bien, logra que se emprenda. El 2020 parecería terrible para emprender, eso creerían muchos, pero no es así. Las monedas fluctúan por la situación económica, las crisis parecen afectar. Muchas empresas muestran el efecto que tiene este mal en el mundo, pero igual, así como suceden cosas malas, se ven cosas buenas. Los emprendedores se ven afectados, pero incrementa la responsabilidad de tomar medidas para que el medio de trabajo sea saludable y se pueda ejercer sin miedos.

Como resultado de todo esto, vivimos un momento difícil, como nunca enfrentó la humanidad. Es todo un reto afrontar el trabajo en términos de toma de decisiones y de estrategias. Una real prueba de esto es que los emprendimientos son retos que pueden abrir oportunidades como nunca.

Como empresarios tenemos que ser conscientes del impacto que pueden tener las decisiones que tomemos. Así podemos frenar la propagación de la enfermedad o los rebrotes.

Entonces las métricas se reducen, los indicadores más relevantes de las empresas aumentan, por cuestiones ajenas, los números en muchos casos decrecen y hace ponernos en una situación a veces desconocida.

Se debe que tener presente que no entremos en pánico, sino que veamos las oportunidades de este momento. El mayor reto de 2020 es mantener la calma, para que puedas tomar decisiones favorables en el mediano y largo plazo.

Hay que sobrevivir en medio de la crisis. Esta situación puede acelerar la curva de mortalidad de las empresas en etapas tempranas. Sin duda, en muchos meses las cosas pueden verse oscuras. Agregado a esto, tocará reinventarse el ingreso y el ahorro.

Para poder superar esta crisis es necesario explotar la recursividad y encontrar estrategias eficientes para sobrevivir de nuevas formas y este será uno de los retos más grandes.

Optimizar los recursos es otro de los pasos. Todo lo que ha generado esta pandemia ha llevado a que se tengan medidas cautelosas sobre el ahorro y la optimización de los recursos en general. Es elemental hoy para poder sobrevivir. Se tiene que pensar en el ahorro. En modelos de negocios sólidos, rentables, en optimizar gastos. Cada moneda vale el doble o más de lo que valía antes.

Toda esta coyuntura trajo consigo una reacción natural al ecosistema. El inversionista es alguien que prefiere aguardar. Esta es una reacción que tiene lógica y se ve mucho en las crisis. La inversión y la especulación se reduce mientras que los riesgos se estabilizan un poco. Con esta lógica se puede saber que en los próximos meses se puede conseguir financiamiento y los que lo logren tendrán que haber demostrado que la coyuntura no afectó al negocio o que incluso lo potenció.

Entonces, este es un momento de incertidumbre, retos que tenemos que enfrentar, tenemos responsabilidades por aportar y soluciones que dar. Así tal vez podamos superar esta crisis y trabajar con nuestras empresas.

Debemos ponernos las botas, pensar en frío, no entrar en pánico, esperar que así podamos darle la vuelta a la situación y salir adelante con los emprendimientos.

CÓMO ESTA SITUACIÓN HA DADO PIE AL NACIMIENTO DE GRANDES IDEAS

Quiero ahora demostrarte que el estar encerrado puede ser algo muy productivo, especialmente de cara a desarrollar ideas artísticas o científicas.

La historia es cíclica, aunque algunos pensadores dicen que es el fin de esta y auguran una superación de los códigos luego que triunfa el capitalismo. Con estos tiempos donde la palabra más nombrada en el mundo comienza con C y termina con S y causa enfermedad y muertos.

Esto mismo ha sucedido en otros momentos de la historia, donde además las personas debieron quedarse en casa, encerradas, para no cundir la enfermedad. Tenemos la pandemia más nombrada que es la de 1918, que mató entre veinte y cuarenta millones de personas en un año.

Vamos un poco más atrás, al siglo XIV, para conseguir efectos similares con la Peste Negra, que se escondía en los personajes del famoso *Decamerón* de Giovanni Boccaccio, fue responsable de que se llamara *cuarentena* lo que conocemos con ese término en 2020. Se refería a los cuarenta días a esperar para ver cómo se pasaba la enfermedad y se sanaba. No es para menos, la peste produjo el fallecimiento de un 30 % de la población europea. Concretamente entre 1348 y 1359. Como en momentos de siglos pasados, se tiene la obligación y la responsabilidad de mantenerse aislado para evitar el aumento de los contagios. Luego de un par de semanas de confinamiento llega el hastío, los niños peor. Esto puede afectar la salud mental, pero también es un momento que si lo ves desde otro ángulo abre la puerta a ser creativo.

Al final, cuando se tiene tiempo libre para gastar, permite que el cerebro funcione como una cosecha de ideas de las que salen obras de arte y nuevos inventos. Varios artistas y científicos aprovecharon las cuarentenas para sacar ideas que hoy por hoy marcan historia. Quiero que repasemos esos inventos y veamos lo que sucedió.

En su momento salieron en *Reader's Digest* y verás que estos inventos transformaron el mundo, siendo grandes avances para la ciencia y para la cultura de la época. Todos nacidos desde el aislamiento y la causa de las enfermedades.

Isaac Newton y la teoría de la gravedad

Era Londres de 1665. Isaac Newton era apenas un estudiante de la Universidad de Cambridge cuando la peste bubónica golpeaba sin piedad la sociedad británica de la época.

Seguro ahora te viene a la mente el famoso momento de cuando a Isaac le cayó una manzana en la cabeza. Bueno, los historiadores han desmentido este hecho romántico que se ha tomado como real. Dicen que es leyenda. Pero lo que sí es cierto es que pasó 18 meses encerrado en la biblioteca, redactando textos que luego dieron pie a la fundación de la teoría de la gravedad.

Nada mal este encierro.

Frida Kahlo

Dentro de la sociedad a veces se cree que los genios de la humanidad llevaron vidas miserables. La artista mexicana Frida Kahlo hoy en día es de los iconos feministas más reconocidos. Ella no es excepción. Veamos, contrajo polio a los seis años, esto la llevó a estar mucho tiempo en cama. Doce años después cuando era estudiante sufrió un accidente de tráfico cuando iba en autobús y la pelvis y cadera se fracturaron. Luego de una estancia en el hospital fue confinada a la cama por meses.

Según algunos historiadores pintó el autorretrato tan famoso mientras se recuperaba. Para poderlo hacer se fijaba en un espejo que tenía frente a la cama.

El rey Lear, de Shakespeare

Esto que narraré ahora no está del todo comprobado, pero hay quienes lo afirman. Es posible que el escritor más importante de las letras inglesas escribiera una obra en los tiempos de cuarentena. Esto sale en un artículo interesantísimo sobre el tema en la *Reader's Digest* que recomiendo que leas, el cual asegura que concretamente escribió El rey Lear tras el cierre de los teatros en la ciudad por culpa de la peste bubónica que afectó Inglaterra.

No se puede demostrar que Shakespeare haya estado encerrado varias veces en su vida, pero se dice que estuvo encerrado escribiendo poemas como *Venus y Adonis* por un tiempo.

Víctor Hugo y sus miserables

Seguramente has leído la obra del autor, Los miserables. Es un libro maestro que se puede releer muchas veces. Se ha llevado a la gran pantalla muchas veces. Inolvidable ver a John Malkovich interpretando al policía Javert, de los mejores papeles que ha hecho.

Bien, se dice que Víctor Hugo creó este libro estando aislado. Totalmente. Fue en 1851 cuando sufrió el destierro cuando criticó con dureza a Napoleón III y no tuvo más opción que huir del país a riesgo de ser torturado. Por veinte años estuvo afuera y allá comenzó a escribir la obra que le daría la inmortalidad y lo hace uno de los grandes escritores de la historia.

Los miserables es una obra afincada en el París de la época, a pesar de que muchos esbozos se hicieran fuera de la ciudad. A lo mejor fue la nostalgia a su tierra lo que le hicieron escribir esta hermosa novela que se recuerda con tanto afecto.

El autorretrato de Edvard Munch

A lo mejor conoces a este pintor del siglo XIX por la obra El grito, la más famosa del autor y que es cumbre en el expresionismo. Este cuadro decora muchos hogares en la actualidad y no fue hecho en aislamiento, pero sí otro que no es tan famoso, Autorretrato con la gripe española. En este, vemos un pintor enfermo por esta pandemia que afectó a la comunidad internacional hace cien años. Lo pintó en plena cuarentena. Lo curioso de todo esto es que el artista no murió de esto que mató a millones de personas en el mundo. Tenía una salud delicada, padecía resfriados y gripes cada dos por tres, al final, murió en 1944 en Noruega, totalmente solo y a causa de una neumonía.

CAPÍTULO 3

EL PASO FORZADO
A LA ERA DIGITAL

Otra de las situaciones que sucedió es que tuvimos que pasar a la era digital a la fuerza. Aunque ya existía con nosotros, el medio digital era casi como un ocio o como algo laboral a medias; con el encierro, la vimos con otros ojos y fue de cierta manera nuestra puerta al mundo. Pero allí vimos carencias también, pero de eso no hablaremos ahora mismo, sino que te quiero comentar algunos elementos para tener en cuenta en los tiempos digitales.

EMONEY

Hablemos de este tipo de dinero, el *emoney* o dinero electrónico es la encarnación de este siglo, es parte de nuestros grandes valores. Las monedas digitales ya son una realidad y los expertos dicen que es más común cada día y será la moneda del mañana. El papel moneda pasará a ser objeto de museos.

Para que conozcas un poco más sobre el dinero electrónico, a nivel general este es el que se encuentra almacenado como información en un servidor incluyendo el dinero de la cuenta bancaria antes de que lo pases a billetes y monedas.

La gran característica de este tipo de dinero es que no tiene respaldo físico, por lo que puede fluir como información en los servidores mediante dispositivos como tarjetas de plástico, terminales de pago. Aunque el dinero es ahora mucho más que hace 50 años, es decir, hace 50 años se emitía dinero contravalor oro, ahora se emite contradeuda. Las monedas electrónicas son cierto sentido como un propio banco, venden a cambio de dinero regular y se compran al valor que el mercado determina, sin necesidad de contar con un respaldo físico en oro, solo respaldado en un algoritmo que es único.

Por no ir muy lejos, te cito la más conocida: PayPal, la cual tiene más de 150 millones de usuarios en el mundo. Con una cuenta PayPal puedes tener productos y servicios en muchos sitios web sin necesidad de una tarjeta de crédito.

Permite que se pueden recibir pagos y transferir estos a la cuenta bancaria, así como otras muchas opciones, pero esta es apenas una. Hay muchas otras. Te nombro unas con las que he experimentado con éxito:

- e-Cash.
- WebMoney.
- Payoneer.

BITCOIN

Hablemos de otra moneda electrónica, en este caso las criptomonedas. Esta es una de las muchas. Las monedas digitales descentralizadas han tomado al mundo por sorpresa y han comenzado a revolucionar el sistema financiero. A lo mejor lo has escuchado, no solo Bitcoin, sino tantas otras que salieron de ella y que tienen solidez hoy, como Ethereum.

Esta moneda es de las mejores inversiones hoy en día. Para que te hagas una idea, el Bitcoin pasó de costar 13 dólares en 2012 a 900 dólares en 2013 y luego en 2020 anda por los 9 mil dólares y dicen que va a caer para aumentar mucho a finales de año y dicen que la década de 2020 a 2030 es su época y costará un millón de dólares un bitcoin.

Para poderlos comprar se necesita una billetera digital que se puede descargar en sitios como blockchain.info o Coinbase. En esta última puedes también tener la oportunidad de comprar directo los bitcoins por medio de un sencillo pago bancario. Cada vez más establecimientos, reales y virtuales, aceptan pagos de esta moneda, por lo que no es difícil usarlos. Aunque mi recomendación, en estos tiempos donde la incertidumbre económica es preocupante, es que se invierta el ahorro en bitcoin, porque estas monedas no están sujetas a la inflación que generan los gobiernos.

Este programa de criptomonedas está diseñado con claves y direcciones complejas y todas las transacciones están a la vista de quien quiera verlas. Cada bitcoin se puede rastrear desde el origen hasta su ubicación actual. Los pronósticos dicen que habrá muchas más monedas sólidas como esta. Lo bueno es que no se someten a ningún gobierno federal ni banco central, por lo que se prestan para la transparencia y la libertad.

Estos tiempos de pandemias y encierros llevan a considerar mejor el futuro de nuestras finanzas, a cuidarlas y mantenerlas a buen resguardo.

FIRMAS DIGITALES

Hablemos de las firmas digitales, que no se deben confundir con los certificados digitales que son usados para validar la autenticidad e integridad de un mensaje, programa o documento digital.

La firma digital es una firma tradicional, no es un nombre, sino que consta de dos claves o secuencias de caracteres separadas. Se basa en aplicar mecanismos criptográficos al contenido de un mensaje o un documento con el objetivo de demostrar al receptor esto:

• Que quien manda el mensaje es real.
• Que este no puede negar que mandó el mensaje, no repudio.
• Que el mensaje no se ha alterado desde la emisión.

La firma digital es importante en la firma electrónica avanzada y en la firma cualificada, pero no en la firma electrónica simple.

Una firma electrónica simple sería un número de identificación personal, que se pone en un cajero cuando se le da aceptar para una transacción. O para hacer que se está o no de acuerdo en un contrato de términos y acuerdos.

Este tipo de firma permite atribuir la firma electrónica de un firmante a ese firmante en concreto, por lo que no reúne las características de firma digital.

En estos tiempos donde estamos en crisis y encerrados, las firmas deben existir y cuidarse.

LAS REUNIONES POR VIDEOCONFERENCIAS

Los datos de los primeros días de encierro nos dejaron ver el aumento del tráfico a través de las redes IP como en el uso del móvil, con un protagonismo especial de los servicios de mensajería instantánea y herramientas de trabajo en remoto. Este crecimiento vino de la mano del encierro al que nos hemos visto expuestos.

Con motivo de esto, los operadores debieron tomar medidas para aumentar y mantener la capacidad en las redes, a la vez que monitorean los datos de tráfico día a día para aumentar la capacidad donde corresponda, especialmente en sitios como hospitales o zonas afectadas, y esto ha mostrado que las llamadas por internet son el camino del mañana y la mejor forma de comunicarnos con otros.

Eso sí, a pesar del aumento del tráfico en internet que ha habido por los tiempos de encierro, igual estos se estabilizaron después, pero en los tiempos de encierro, la mejor forma de comunicarse con la gente que se quiere y verles el rostro es por medio de las videollamadas con las herramientas que ahora mismo están en boga.

Vodafone es una de las que más éxito ha tenido en videollamadas. Desde el primer momento del confinamiento las videollamadas se dieron. Herramientas como Zoom, Houseparty o Hangouts fueron descargadas fuertemente este 2020, tanto en los usuarios de Android como iOS.

Los datos que ha mostrado Vodafone en el uso de Zoom y de Hangouts son demoledores: ha aumentado más de un 4000 y un 2500 % a lo largo de este mes. Skype, el moribundo sitio de llamadas que ya no tiene tanta fama como antes, también se ha usado y las videollamadas de WhatsApp no se quedan atrás y han aumentado mucho.

Ahora, sobre el tráfico de datos y de voz, las redes de Vodafone siguen en niveles superiores a antes de la crisis, pero se ve una reducción en las llamadas de fijo y móvil y un estancamiento en el uso de datos móviles y el uso de datos de red fija.

APLICACIONES MÁS EFECTIVAS Y USADAS EN ESTA ÉPOCA

Las videollamadas son un formato útil en tiempos de pandemias para contactar con las personas que queremos o para conectar con clientes y jefes o empleados. Se pueden cerrar negocios a distancia. Por todo esto te quiero mostrar estos programas de calidad para que los consideres.

La tecnología, ya lo sabes, ha ayudado a romper barreras espaciales y temporales en todo el mundo. Actualmente se pueden hacer reuniones con un visionado y audio de buena calidad desde distintos países del mundo. El comunicarnos desde el celular es posible, se pueden tener reuniones efectivas con la ayudar del móvil. Esto ayuda mucho a personas *freelance* y a emprendedores.

Incluso a los bancos como Self Bank se valen de este formato para que los clientes puedan abrir cuentas. Ahora, las videollamadas se usan mucho en estos tiempos, ayudan con el tedio y reducen la ansiedad y el estrés.

La aparición de aplicaciones para llamar con video es vasta. Te quiero explicar la manera en la que funcionan las herramientas y que te puedas comunicar con audio y video cómodamente con quien desees. Hay algunas que brindan la oportunidad de hacer llamadas en grupo.

Te muestro las aplicaciones para que hagas videollamadas sea desde el ordenadores, el móvil o la tableta.

Google Duo

Esta funciona de manera muy sencilla, porque Google Duo identifica de manera automática quiénes de la lista han instalado Duo. Destaca la calidad de transmisión. Únicamente tienes que entrar y hacer clic sobre el nombre de contacto. De inmediato se activa la función toc, que permite que el contacto vea un video en vivo antes de contestar la llamada.

Facebook Messenger

La aplicación Messenger, que ya no está casada con Facebook, permite que se hagan videollamadas entre usuarios de la red social y se hace fácilmente. Dentro de las principales ventajas está la rapidez y la simplicidad, porque solamente debes pulsar un botón y de inmediato se hace la llamada con esa persona, sin que tengas que abrir otras aplicaciones.

Skype

La aplicación de videollamadas por excelencia. Tiene errores, tuvo una mala racha entre 2015 y 2017 a nivel utilidad y eso le costó mucho porque otras aplicaciones tomaron fuerza y la dejaron relegada. Además, esta ha sido una papa caliente que ha pasado de dueño en dueño, fue incluso propiedad de eBay, que dicen los rumores la compró cuando estaba en pleno crecimiento y era un peligro para muchas otras.

Line

Es alternativa a WhatsApp, y para cuestión de videollamadas tiene ventajas, como emojis, *stickers* con toques anime. Las llamadas son de calidad y con buen sonido.

Tango

Otra de las aplicaciones que permite que llames gratis es Tango. Tiene una interfaz que es muy intuitiva. A veces puede sentirse un poco de retraso en la voz y la imagen se puede pixelar fácilmente, pero igual la puedes tener en cuenta.

Hangouts

Este es el heredero de Google Talk, que además de llamar permite mandar SMS a los contactos en caso de que no tengas conexión online. Esta sobresale frente a otras por su facilidad de uso.

Viber

Es una aplicación gratuita. Puedes escribir mensajes por medio de VoIP y hacer videollamadas. Funciona perfectamente, es de las que más calidad tienen, a pesar de no ser tan famosa.

Zoom

Te recomiendo esta otra, que es la que más están usando ahora. Puedes llamar, llegas por invitación también, se pueden tener conferencia con varios y se pueden mandar mensajes. Recomendada.

CAPÍTULO 4

TECNOLOGÍAS DE LA INFORMACIÓN Y LAS COMUNICACIONES: LAS IGNORADAS QUE GANAN PROTAGONISMO

Las TIC han tenido su papel en estos tiempos de cuarentena. Te quiero hablar un poco de ellas y su importancia este 2020.

Aunque siempre se han visto como una presencia, no se han tomado en cuenta como lo merecen. Bueno, hasta ahora, que son un elemento para muchos y la usan con más fe que nunca. Saben que es la vía para mantener la comunicación y la calidad.

EL PAPEL DE LAS TIC EN LA PANDEMIA

Las TIC son clave en las estrategias de prevención para enfrentar pandemias, como esta que ganó protagonismo en 2020. Esto por la naturaleza de lo que se llamó distanciamiento social. Ellas fueron parte de colaboración en la productividad y la comunicación para el mantenimiento de las actividades económicas.

El objetivo de las TIC es reducir los contagios por contacto, además de ayudar a proteger las economías de los Estados. Muchos gobiernos han tomado medidas para no paralizar lo que más peligra que se pare y las TIC son el camino.

El trabajo semipresencial y desde casa no solo previene la propagación del virus, sino que alivia la carga de los medios de transporte y las aglomeraciones de personas en los espacios de trabajo. Esto ha generado un cambio de mentalidad en una cultura laboral que premia la presencia en el puesto de trabajo.

La pandemia constituye una oportunidad para agilizar la introducción y adopción de herramientas digitales y las TIC que transforman el entorno en todos los espacios, tanto públicos como privados. Esto sintoniza con las metas de la política de transformación de los gobiernos.

LAS SOLUCIONES QUE HA BRINDADO

Las TIC han habilitado nuevas maneras de ejecutar las actividades de las empresas, muchas de estas tareas se han podido continuar en el desarrollo por medio de la interacción en línea. La educación, el comercio y la cultura son medios donde se ha pasado la experiencia de los usuarios en línea con sus herramientas con ambientes adecuados para la interacción entre personas.

Incluso en algunos medios la atención médica ha pasado a las TIC, que facilitan la interacción entre pacientes y médicos de la salud para tareas de diagnóstico y seguimiento de baja complejidad.

CUÁLES SON LAS BRECHAS DIGITALES QUE SE HAN DETECTADO

En estos tiempos se han visto brechas de conectividad y otras. A nivel socioeconómico se ha demostrado el poco acceso. Aunque algunos gobiernos han ejecutado planes para llevar la TIC a las comunidades, aún es muy verde esto.

Se pueden tener las mejores herramientas comunicacionales, pero si no se tienen los elementos para hacer que la comunicación se dé, entonces no se podrá conectar con otros. Cuando se quiere hablar con la familia, mandar las tareas a los maestros, enviar los trabajos, las TIC son la vía, pero si no se tienen, la situación es compleja.

TIC VS. ADULTOS MAYORES

Estos son otro de los grupos de personas que tienen limitaciones a la hora de conectar con los demás, porque ellos no tienen conocimiento, padecen de lo que los expertos llaman «analfabetismo digital». ¿Cómo darle solución a esto?

Es claro que la apropiación de tecnologías por parte de los adultos mayores significa un reto para el país. El facilitar a esta población en la adopción de herramientas tecnológicas puede impactar en positivo. No solo favorece la comunicación con el círculo social y familia, sino que puede abrir la oportunidad de conectar con servicios de salud, alimentación y bancarización, por medio de internet. Además, viendo la coyuntura actual como una oportunidad de innovación, se debe poner en marcha un plan de contingencia, pensando en evitar los riesgos de enfermedades y que los adultos mayores accedan al medio digital.

En tal sentido, es necesario que se generen las redes de apoyo solidario desde casa, donde los familiares y las personas del círculo social le ayuden a facilitar la transferencia de conocimiento con el acompañamiento en el aprendizaje de usarlas. Cuando ellos usan estas herramientas tecnológicas se logra que se acorten las distancias que se vive en la cuarentena, y se les enseña desde casa a manejar aparatos como la tableta, el móvil para que llamen, para que escriban y hasta para que vean series. Porque da para todo.

¿QUÉ VA A CAMBIAR RESPECTO A LO QUE SE CONOCE AHORA CON LAS TIC Y LO QUE VENDRÁ DESPUÉS?

El papel de las TIC en la gestión de la pandemia ha dado una muestra del potencial que tiene la herramienta como analítica de datos para saber tomar decisiones en momentos críticos, contando con información en tiempo real. Algunas de las mejores herramientas para tomar decisiones en esta crisis se basan en el análisis de datos tomados de las redes de atención en los sistemas de salud, incluso en la que informan los ciudadanos.

También se ha visto que las TIC son un soporte a las tareas como el teletrabajo o la educación, con tecnologías multipropósito que tienen un impacto transversal en los sectores de la economía. A lo mejor muchos de estos percibían el concepto de la transformación digital como una forma de contemplar para un futuro lejano y como un costo de desarrollo de talento e infraestructura que no muestra retornos pronto.

Actualmente estamos viviendo en un momento donde se ve que se adoptan procesos y capacidades nuevas para aprovechar las TIC, las organizaciones que tienen talento humano y procesos flexibles han empezado a adoptar herramientas para hacer teletrabajo y no parar en asuntos como comercio electrónico que les ha permitido mantenerse activos en tiempos de aislamiento.

Las TIC son necesarias y un elemento que tiene que empoderarse, porque ahora, en esta época donde se pasa una pandemia, se vio que tanta tecnología a la larga mostró las brechas en zonas donde las personas no tenían acceso a internet.

A estas alturas de la modernización no debería existir nadie sin internet ni acceso a comunicarse. Pero bueno, no es un mundo perfecto, si aún hay personas que no tienen electricidad como se debe o agua potable, qué se puede esperar de este elemento de internet.

CAPÍTULO 5

LOS TIEMPOS DE LOS CRÍMENES DIGITALES

Este libro no podía quedar exento de una situación que ha crecido en los últimos tiempos. Los crímenes digitales a los cuales caen como víctimas muchas personas. Dediquemos este capítulo a profundizar en este tema.

EL IMPACTO DEL CRIMEN EN LA ERA DIGITAL

Muchas empresas se ven presas de los crímenes electrónicos. Esto por el alto acceso a los sitios web y las transacciones financieras que hacen que el comercio sea más vulnerable. Por lo general, en este período aumentan los intentos de piratería.

* Según un mapeo de situación se pueden mostrar seis delitos digitales más sobresalientes:
* Secuestro de datos (*ransomware*).
* Sitios y aplicaciones de *phishing* (*phishing*).
* Fugas de datos.
* Secuestro de stock.
* Cierre de transacciones comerciales (denegación de servicio/DDos).
* Robo de datos de tarjetas de crédito.

Esto abre el debate en la necesidad de invertir más en capacitar empleados y enfrentar los ataques informáticos. Hay que tener en cuenta que el 96 % de los intentos de ataque ingresan vía correo electrónico, esto según Marsh.

Hablemos un poco de estos crímenes.

Secuestro de datos (*ransomware*)

El hacker ingresa al sistema de la empresa y cifra todos los datos. Para hacerlo requieren una contraseña que solo tiene él, quien controla el *ransomware*. Aquí el secuestrado cobra una tarifa por liberar archivos del dispositivo afectado.

El *ransomware* se conoce como el virus del rescate, y los hackers lo usan para secuestrar datos.

El secuestro de los datos paraliza las operaciones comerciales y es un riesgo también para los clientes que pueden tener los datos filtrados.

Sitios y aplicaciones de phishing (*phishing*)

La filtración de datos es uno de los delitos cibernéticos de más rápido crecimiento. Cuando se filtra información confidencial del consumidor, se puede usar para intentar acceder a otras plataformas donde los delincuentes obtienen algo de valor como dinero y bienes.

Secuestro de stock

El secuestro de inventario es cuando las pandillas de delitos cibernéticos compran muchos productos para pagar, pero no hacen el pago, así, las acciones se retienen y la empresa deja de obtener ganancias.

Cierre de transacciones comerciales (denegación de servicio/DDoS)

Este es el ataque de denegación de servicio DDoS es un intento para sobrecargar un servidor para que los recursos del sistema no estén a la mano para sus usuarios. Esto deja que no se pueda acceder a los datos del servidor y no se responda a órdenes de compra.

Robo de datos de tarjeta de crédito

El hacker ingresa al sistema corporativo por medio de un virus instalado en el ordenador tras una descarga. Accede al sistema y roba los datos de las tarjetas de crédito que realicen en los sistemas infectados. Puede ser una tienda de conveniencia, estaciones de servicio, cafeterías, tiendas de centros comerciales, tiendas físicas y en línea. Nadie se salva.

ESTAFAS PANDÉMICAS

Estos son datos que maneja la firma de ciberseguridad Kaspersky: ha existido un aumento del 30 % en el número de estafas virtuales desde que apareció la pandemia en el mundo.

Elementos como la necesidad de las personas de estar informadas todo el tiempo o la incertidumbre y el miedo generan crisis como la que se vive ahora. Esto hace que las estrategias de ingeniería social usadas por delincuentes sean más efectivas.

Es por lo que muchos expertos recomiendan que se esté atento al contenido que se reciba en las redes sociales, de los anuncios que se vean al navegar por internet y los mensajes de texto que llegan a los móviles.

Dentro de las variedades de malware usados para infectar a las víctimas se encuentran los troyanos bancarios, las aplicaciones maliciosas para Android y los programas de acceso remoto.

De acuerdo con investigaciones de la firma de ciberseguridad, desde el primero de febrero hasta mediado de marzo aparecieron 300 dominios de *phishing*, es decir, mensajes falsos que usaban la palabra clave de la enfermedad de 2020 y también otros sitios que lo usaron para propagar virus y robar datos bancarios.

«Cada vez se ha sofisticado más cómo hacen la ingeniería social, es decir, se toman el tiempo para desarrollar una campaña que sea de lo más creíble posible y en estos casos siempre se apelan a los sentimientos de las personas», explica Roberto Martínez, analista de Kaspersky.

Te pongo como ejemplo los contenidos con mapas interactivos sobre la propagación del virus o la suplantación de fuentes de información, que pueden ser algunas de las estrategias que lleve a los usuarios a entregar datos personales o descargar programas maliciosos.

Por otra parte, tenemos los cupones de autoservicio como Netflix, Spotify, Adidas, Nike o Amazon Prime con descuentos o mensajes que presentan supuestos apoyos. El problema de esto es que se viralizan fácilmente por medio de las redes sociales y por las de mensajería instantánea.

Otra de las técnicas es llevar a las personas con correos y mensajes cada vez más sofisticados y trabajados que se parecen a los de las entidades oficiales a que descarguen archivos infectados o a entregar datos bancarios. Esto sucede ya en muchos países y afecta a muchas personas ingenias.

También se han hecho de ingeniería social, se toman el tiempo para preparar campañas que sean creíbles, se agarran de los sentimientos de las personas.

«Son personas que no crecieron con internet, con las redes sociales y que apenas se acaban de integrar por las circunstancias, para poder hablar con la familia o para que los estén monitoreando», dice Martínez.

No tienen en muchas ocasiones el conocimiento de este modelo de estafas y caen redondos. Se convierten también en actores para viralizar estos contenidos con amigos y familiares.

Pero no son las únicas personas que llegan a ser estafadas, porque hay usuarios que conocen esta tecnología y hacen uso de redes sociales, pero también han caído en las estafas y lo hacen por no conocer o por no tener cuidado. En estos tiempos donde la gente se aísla, pasa más en la red y, claro, son más proclives a que los estafen.

Los niños también corren peligro al estar tanto en línea y los pueden engañar no solo para sacarles información personal, sino también para terminar en acosos.

La mejor manera de estar seguro con esto es tener en cuenta un punto clave, es la importancia de la educación, no solo de los jóvenes, sino de los adultos mayores para que comiencen a conocer más las amenazas que hay en internet.

«Nos corresponde a nosotros ayudar a nuestros adultos mayores. Darnos un pequeño tiempo para sentarnos y explicarles que hay mucha información falsa en internet y que no repliquen los contenidos en cadena y, de preferencia, que cuando tengan dudas tengan a quién preguntarle», añadió Martínez.

Asimismo, se tiene que estar alerta, ir a los sitios oficiales, revisar el candado que se ve en la URL que confirma que el sitio es seguro, pero también es que, cuando lleguen ofertas maravillosas, no caer, porque es cuando los delincuentes más atacan. Llenan de oro las ofertas que se ve tan perfecto, no se analiza la realidad y caen.

Se deben tener antivirus y herramientas que ayude a tener más seguros los dispositivos. Así no se cae en estafas. Hay servicios gratuitos como el Kaspersky Internet Security, el cual bloquea los sitios web que son falsos o que potencialmente puedan ser una estafa.

En este aspecto, se recomienda usar páginas como Virustotal, donde se pueden verificar los sitios seguros y los sitios con virus.

Se tiene que estar atento a esto:

- Primero debes desconfiar de los correo o mensajes donde te pidan información confidencial o transacciones financieras.
- El segundo consejo es que tengas actualizados los navegadores y los dispositivos móviles, igualmente usa contraseñas en múltiples cuentas para que verifiques los hipervínculos antes de hacer clic y ver las cuentas.

La prostitución

La sección de anuncios en los periódicos ha mermado o desaparecido, esto no es casual. Esto es porque ha llegado la onda de la digitalización. Ahora todo es en plataformas digitales y lo que se da es de manera rápida con compra y venta de servicios.

Dentro de esos servicios se ha visto cómo han aparecido servicios sexuales que ofrecen mujeres que se desnudan en video, mandan pack de fotos, se tocan en vivo para personas que pagan por ello y de cierta manera ejercen un nuevo modelo de prostitución.

Internet ha significado la eliminación de ciertas barreras entre cliente y trabajador en el negocio del sexo. El proceso es más discreto que ir a buscar a una mujer en una esquina de dudosa reputación, pasar por pasillos desaseados y llegar a una cama aún tibia por el cuerpo anterior.

Ahora es distinto, ahora la red permite que se usen redes sociales, hay páginas incluso para ello, como OnlyFans. En internet se pueden conseguir testimonios donde las mujeres cuentan cómo hacen buen dinero por un pack, por mensajes calientes y escuchar las morbosidades de los hombres.

Los tiempos de encierro, donde la situación es más crítica, ha abierto la oportunidad a prostituirse y los hombres felices en su encierro de pagar unos cuantos dólares por ver que una mujer guapa les comparta sus pieles.

Dark web

Se dice a menudo que internet consta de tres partes, la web superficial, la *deep web* y la *dark web*. La web superficial es lo que conocemos todos, lo que usamos a diario para navegar. Es accesible desde los navegadores normales como Chrome, Safari y Firefox.

La *deep web* es la parte de internet que tiene información específica. Muchos de nosotros no tendremos acceso a esa información, tampoco se puede acceder por los buscadores. Muchas veces para poder acceder a la *deep web* se necesita una contraseña en algunas URL especiales. Como llegar a bases de datos universitarias, informes y revistas a las que solo acceden suscriptores y el *timeline* de la cuenta privada de Facebook.

Si seguimos descendiendo llegamos a lo que nos cita, la *dark web*, que es más difícil de llegar, se accede por medio del navegador Tor. Esta es una zona no regulada por internet. Ninguna organización o empresa está a cargo de ella o es capaz de poner reglas.

Por eso se dan situaciones ilegales, se puede acceder a ellas y las URL que se consiguen con mezclas de números y terminan en .onion. Estas URL cambian regularmente para que no las capturen fácil.

Es difícil saber lo que sucede en la *dark web*. Como te dije, necesitas conocer las URL para llegar a puntos correctos. Hay muchas historias descabelladas sobre los servicios que existen en la *dark web*, por ejemplo, se puede contratar un sicario o los cuartos rojos. Esto es verdad porque, por ejemplo, existió un sitio web llamado Besa mafia que era para contratar sicarios. Solo que nunca mataron a nadie. Solo robaban dinero a los crédulos que pagaban por mandar a matar a otro. Pero sí hay cosas cuestionables, como drogas, armas y pornografía infantil.

Debido a la existencia de tantas webs, la *dark web* tiene mala fama, se cree que todo lo que pasa aquí es ilegal y criminal. Pero este sitio es lugar seguro para periodistas, alertadores, ciudadanos que viven en regímenes dictatoriales, además algunas de las webs más turbias pueden tener efectos secundarios positivos.

CAPÍTULO 6

La oportunidad de las blockchain

Anteriormente te hablé de las criptomonedas, te quiero tocar el tema de nuevo, pero ahora en un capítulo dedicado a ellas. Para que conozcas la oportunidad que tienes con ellas. Recuerda lo que te dije, este es el año de las criptomonedas y ahora es que tienes que aprender a invertir en ellas, porque según expertos para 2027 costará un millón de dólares.

Análisis sobre las criptomonedas

Las criptomonedas nacen de las tecnologías nuevas, de las llamadas *blockchain* o bloques. Este es un tipo de programación que permite que lo que se haga lo puedan ver todos. Es aquí, en este punto, donde se les tiene seguridad a las criptomonedas.

Las criptomonedas son producidas por los mineros, que suelen ser programadores que tienen equipos informáticos potentes, con los requisitos que exigen para generar esta tecnología. Cuando se produce una nueva criptomoneda, lo que sucede es que toda la comunidad de ellos puede borrar la traza que se ha dejado en la red de la creación de la criptomoneda.

Entonces, las criptomonedas son monedas virtuales que vamos a usar como medio de pago o para poder recibir dinero, esto es lo que hace que las recepciones y los pagos que se hagan sean sin intermediarios financieros.

Beneficios de las criptodivisas

Estas monedas no tienen controles estatales, no existe un banco central de ellas en un país o en una comunidad, como sí existe en la Unión Europea, lo que tienen estas criptomonedas es que no poseen controles legales.

Esto tiene su beneficio y también sus inconvenientes. En la parte de los inconvenientes nos topamos con que a lo mejor la tecnología no la conocen algunos y creen que puede ser peligroso poner el dinero en ella.

Son una corrección rápida de letras y números que te hacen poseedor de esa moneda virtual. Por tanto, son monedas virtuales que sirven para recibir dinero como para pagar, y al cotizar en un mercado hacen que el efecto de la compra y la venta unas veces suban y otras bajen. Porque uno puede comprarlas o venderlas y esto produce por tanto una fluctuación entre la criptomoneda y el cambio, bien sea con otra o con una moneda de curso legal.

Recordemos que las monedas de curso legal como el euro o el dólar son monedas que se cruzan con las criptomonedas y es allí donde se busca un beneficio.

Se puede hacer *trading* con ella, es decir, operar en Forex, y se hace con monedas como euro o dólar y con otras criptos también.

Se tienen que hacer criptomonedas por una razón muy sencilla, porque estas han llegado para quedarse y en la medida en la que los países vayan poco a poco aceptando su presencia y sean forma de pago, entonces es más que probable que ellas vivirán con nosotros.

Es por eso que la tecnología *blockchain* ha cambiado la forma de ver los riesgos. Ellas no tienen control, no hay un estado o banco central que las regule, es la confianza de todos los integrantes del sistema *blockchain* lo que permite que las criptomonedas sean consideradas más o menos seguras.

Claro, ya ha habido casos donde se ha visto que dieron problemas, pero eso ha mejorado mucho, entonces para hacerlas tenemos dos opciones: podemos hacernos mineros, para ello se tiene que ser programador y tienes la posibilidad de producirlas tú, con lo cual tienes que tener un pago de los servicios, y la otra opción es que la compres.

Para poderlas comprar tenemos que ir a una casa que las venda. Tendría que ser una de estas empresas privadas que producen y que tienen un gran fondo de criptomonedas. Para saber la moneda a invertir, la que más fama tiene es Bitcoin, es la primera criptomoneda. Salió en 2008 y muchas personas pensaron que esto era un *fake* más, que no tendría mucha fama. Una moda, y no compraron mucho.

Pero todo esto cambió con algunas personas de Sillicon Valley, especialmente una persona que seguro has escuchado mentar: Bill Gates, quien mostró interés en ellas. En esa época la moneda andaba por los 200 y algo de dólares y allí entraron los grandes de Sillicon Valley, lo que hizo que la criptomoneda resurgiera y comenzara a subir.

Para que te hagas una idea, desde 2008 ha llegado a cotizar varios aumentos. Llegó a veinte mil y bajó, y ahora mismo anda por los nueve mil dólares y con grandes esperanzas en esta década.

Vamos a imaginar las grandes fortunas que se han hecho para aquellas personas que apostaron por el Bitcoin al inicio, cuando apenas crecía, muchos se hicieron millonarios.

También por esa época apareció Ethereum, que ahora mismo cotiza en un entorno de unos trescientos y poco de dólares.

Hay otras criptomonedas como Mitocoin o Litecoin, que son de las más valoradas por las personas que programan y que entienden de su calidad. La calidad de estas va mucho en la tecnología *blockchain* que se usa para poder producirlas. De ahí que en la medida en que la tecnología avance, las criptomonedas se harán más potentes.

Tenemos entonces que el Bitcoin se ha bifurcado, ha hecho algo llamado *fork*, y esto significa que ha llegado a ser muy cara. No es una moneda que esté disponible para todo el mundo como el bitcoin y estar pagándolo a nueve mil dólares. Entonces se ha bifurcado y esto es lo que genera bitcoins de menos cuantía económica, como el bitcoin cash o el bitcoin gold que son las últimas dos aportaciones a la tecnología Bitcoin. Veremos qué pasa con el futuro de estas dos.

Ahora bien, te preguntas dónde comprarla, puedes ir a la casa que la produce y las vende. Hay empresas como Coinbase o HABTC, también tienes a Bitfines o a Bitstamp. Dicen que esta es la más famosa pues fue la precursora a la hora de producir bitcoins.

Muchas personas se preguntan cómo hacer. Para dar ese paso, normalmente tienes un soporte en la casa que la vende. En este sitio te pueden ayudar con guía a que la compres. Tienes que generar lo que se llama monedero y en este monedero metes los bitcoins, pero te aconsejo que no los dejes en la red, sino que saques el código afuera. En un hardware offline.

En este caso, lo que harás será sacar la moneda fuera de los servidores. Hay casos de personas que compraron criptomonedas e invirtieron unos mil euros, en este momento serían millonarios. Pero el problema es que no guardaron la contraseña y eres el único con acceso a ella, sin esta no puedes entrar de nuevo. Esto te lleva a que lo pierdas para siempre.

Si no has entendido al 100 %, si nunca has invertido en la bolsa o analizado un gráfico, te aconsejo que no te metas aún en esto. Las criptomonedas pueden ser peligrosas para un profano. Esto es por las fluctuaciones que tienen, que es muy alta. Si se van a hacer en CFD tienes que ser un *trader* un poco curtido. Si compras criptomonedas, no lo hagas con el dinero que tienes para pagar deudas ni con el dinero que tengas para los servicios y el alquiler, hazlo con dinero que no necesites.

EL MOMENTO DE COMPRAR BARATO, PORQUE VENDRÁ UN AUMENTO

Los inversores temen que se venga un *halving* de bitcoin y luego venga una caída grande. Pero los datos *blockchain* muestran que los mineros se mantienen fuertes. Se tienen rumores fuertes sobre el aumento, algunos dicen que subirá este año 2020, pero no lo hará como se espera, sino que será pequeño. Expertos como Papa Bitcoin dicen que para 2027, pero si se observa el gráfico, se puede apreciar que subirá para 2030 dado que la línea se va poniendo recta, aunque sigue en ascenso.

El primer *halving* se dio en 2012 y la apreciación de más de 7 %. Un evento en 2016 llevó a que la criptomoneda aumentara.

Con este historial, el evento de la reducción de la recompensa de la minería se ve para unos meses o años. La verdadera respuesta se tendrá en el futuro.

Los inversores están esperando cómo se desenvuelve el mercado ante el surgimiento del *halving*. Además de producir, el evento se conoce como el impulsador del precio del bitcoin.

Uno de los reflejos causados por este *halving* es el aumento del precio luego de él y la historia refuerza la tesis. Se dice que ese aumento podría venir en un año más o menos.

El precio del Bitcoin subió un 7562 % luego del primer año. Esto en 2012. Ese año el precio de la criptomoneda pasó de 12 dólares a más de 1100 en 2013. El otro *halving* lo llevó a 20 mil dólares.

Considerando el precio actual de unos 9 mil dólares, la criptomoneda podría repetir la hazaña en los próximos meses y subir un 7652 % y llegar a 545 mil dólares.

Este *halving* debería seguir para reducir el número de bitcoins ofrecidos en cada bloque minado hasta 2140 según el pronóstico. Este evento ocurre cada cuatro años y ha sido responsable de elevar el precio de la criptomoneda para romper récords históricos.

Bitcoin: la moneda del mañana

Es por eso que existen historias de éxito y fracaso en un mercado aún pequeño, cuyo valor se estima en unos 220 mil millones, equivale al tamaño de la economía de un país como Grecia o Perú. Es mejor que el oro como refugio para los capitales cuando hay una crisis.

Este es el momento para que saques los ahorros e inviertas un poco en Bitcoin, también te recomiendo que lo hagas en Ethereum, una criptomoneda en crecimiento, la cual aún explotan y esto es un problema, pero también tiene una serie de posibilidades y es la que le sigue a Bitcoin, entonces hay teorías que dicen que puede llegar a valer incluso más que el Bitcoin. A ver si se da y los que tengan unos ahorros en esta moneda se hacen una pequeña fortuna.

Una burbuja clásica

Una de las cosas que dicen del bitcoin es que este es una burbuja, bueno no del bitcoin, de todas las criptomonedas. Que un día reventará y todo se irá al caño. Pero veamos, desde que costaban 350 dólares vengo escuchando eso y ha estado en 20 mil, cayó ahora, va por 9 mil y los pronósticos son buenos, claro que subirá. No es ninguna burbuja.

Entre los detractores del dinero digital ponen que no son confiables, dado que no tienen un respaldo financiero en el mundo real. Dicen los expertos que es una burbuja que explotará. Que no tienen valor intrínseco, a diferencia de las monedas emitidas por gobiernos, ni siquiera son válidas para pagar impuestos.

Con una alta volatilidad, agrega, el valor podría evaporarse de la noche a la mañana, dado que se ha expandido a base de pura especulación.

Muchas personas dicen que es la versión moderna del oro, dicen otros que al oro le dan valor en el mercado, y es lo que conocen muchos. Entonces dicen que no es comparable. No lo es. Pero vale mucho.

Hay quienes defienden las monedas, dicen que tienen alto valor y rentabilidad. Es un activo con oferta limitada, lo que le da éxito a largo plazo. Es más, de acuerdo con la estructura del sistema tecnológico con el que fue creado, el bitcoin hace más de una década, solo pueden existir 21 millones.

Se hacen comparaciones del 9000000 % de Bitcoin ganado en la última década con la rentabilidad de la acción de Netflix que llegó a 4000 %. Ha tenido una gran renta y será mucho mejor.

También se han visto muchos casos de fraudes, donde los inversores caen y pierden dinero. Pero esto es otra historia y entra casi en el capítulo de los crímenes digitales.

Muchas empresas y personas ganan rentabilidades y se ven optimistas y dicen que este éxito de la tecnología *blockchain* es una señal de que las criptomonedas llegarán a las nubes.

Nadie puede saber lo que suceda con el mercado de las criptomonedas, pero se ven buenos tiempos y mi consejo es que inviertas un poco de dinero, si lo pierdes dices que tuviste una experiencia y ya, y si ganas pues formas parte de los millonarios, sería triste que ahora, que tienes la oportunidad de invertir, la pierdas por el miedo a hacerlo.

CAPÍTULO 7

ES MOMENTO DE RECONSIDERAR NUESTRA TECNOLOGÍA

La tecnología digital ha transformado la forma en la que nos comunicamos, nos movemos a diario, hacemos compras, aprendemos y nos entretenemos. Es posible que en poco tiempo las tecnologías como la inteligencia artificial, el internet y todo esto reformule por completo la atención médica. El suministro de energía eléctrica, el transporte, la agricultura, incluso la mente y el cuerpo.

Son muchos los cambios que se vienen para nosotros en esta sociedad. Pero para poder disfrutarlo se tiene que preparar una buena democratización tecnológica, donde todos tengan derecho y acceso a ella, pero también otros elementos importantes que te voy a contar en este último capítulo, desde la necesidad de establecer un e-government, hasta las prevenciones sobre lo que pueda pasar con una inteligencia artificial el día de mañana.

El mundo cambia, mucho, tenemos que prepararnos para ello.

LA NECESIDAD DE ESTABLECER *E-GOVERNMENT*

Estamos ante una situación difícil. El gobierno electrónico es una necesidad impostergable en el país. Es imposible concebir el desarrollo de la era digital en el sector privado y relegar al sector público, lo que plantea grandes restos para todos los sectores, que deben comenzar a considerar el gobierno electrónico (*e-government*). Ante esta situación, los gobiernos deben buscar los avances realizados en la materia con preeminencia de los instrumentos que al haber sido aprobados por países en desarrollo, sirven para guía del gobierno electrónico.

Un gobierno electrónico es el uso de dispositivos tecnológicos de comunicación, como computadoras e internet, para brindar servicios públicos a ciudadanos y otras personas en un país o región. El gobierno electrónico ofrece oportunidades nuevas para acceso a los ciudadanos de manera directa y conveniente al gobierno para la provisión de servicios gubernamentales directo a sus ciudadanos. Se maneja también entre gobierno y empleados, gobiernos y empresas. La interacción consiste en que los ciudadanos se comuniquen con todos los niveles de gobierno facilitando la participación ciudadana en la gobernanza y usando tecnologías de información y comunicación, como las que ya tratamos, las TIC y la reingeniería de procesos comerciales.

Los ideales de interacción del ciudadano que incorporan tecnologías incluyen valores progresivos, participación ubicua, geolocalización y educación al público.

Los gobiernos electrónicos se definen como «el uso por parte del Gobierno de aplicaciones basadas en Internet y otras tecnologías de la información, combinado con el proceso que implementa estas tecnologías para desarrollar el acceso y envío de información gubernamental y servicios; o llevar a cabo mejoras en las operaciones gubernamentales», esto lo dice la E-government Act estadounidense de 2002.

La Unión Europea caracteriza al gobierno electrónico como: «El uso de las tecnologías de la información y la comunicación en las administraciones públicas para mejorar los servicios y el proceso democrático y para reforzar el apoyo a las políticas públicas».

En la Carta Iberoamericana de Gobierno Electrónico dice: «El gobierno electrónico es el uso de las tecnologías de la información y de la comunicación en los órganos de la administración pública, para mejorar la información y los servicios ofrecidos a los ciudadanos, orientar la eficacia y la eficiencia de la gestión pública e incrementar sustantivamente la transparencia del sector público y de la activa participación de los ciudadanos».

La OCDE lo conceptualiza como que es el uso de tecnologías de información y telecomunicación, como lo es el internet, como una herramienta para alcanzar un buen gobierno.

Según Gartner, es una innovación constante de los servicios, la participación de los ciudadanos y la forma de gobernar por medio de la transformación de las relaciones externas e internas por medio de la tecnología y las nuevas formas de comunicación.

LA NECESIDAD Y LAS PREVENCIONES DE LA INTELIGENCIA ARTIFICIAL

Lograr el éxito en la creación de inteligencia artificial ha sido de los grandes eventos de la historia de la humanidad. Tanto por la máxima potencialización como de los riesgos que puede tener el uso de esta. Por un lado, se pueden acabar las guerras para siempre, las enfermedades y la pobreza, y por el otro se pueden dar las máquinas asesinas y autónomas que dan el paso a aumentar la pobreza y generar más muertes, además de la posible rebelión de este tipo de inteligencia contra nosotros.

Es difícil predecir el camino que vendrá con esto, o si se darán ambos. Pero esto solo se verá en la historia algún día. Lo más seguro es que se desate una situación grave con la inteligencia artificial y debemos aprender a actuar a tiempo.

Elon Musk tuvo esa previsión. Él creó una empresa para estudiar y prepararse ante alguna rebelión de las máquinas en el futuro.

Suena muy a *Terminator*, pero la situación no está muy lejos de la realidad. El mismo Stephen Hawking lo predijo.

Las predicciones pueden parecer de ciencia ficción, pero la inteligencia artificial ya existe. Está presente en la cotidianidad de la humanidad. Se toman decisiones sobre su funcionamiento y cada vez evoluciona más y más. Hay alarmas que se encienden sobre su uso negativo.

La inteligencia artificial se conoce como IA estrecha o IA débil, porque está diseñada para hacer una tarea en específico. Por ejemplo, solo el reconocimiento facial o las búsquedas en internet o solo conducir un auto. Sin embargo, el objetivo a largo plazo es el de crear IA general o IA fuerte. Para que entiendas de lo que te hablo, si bien la IA estrecha puede ya superar a los humanos en algunas tareas puntuales, como jugar ajedrez o resolver ecuaciones, la IA fuerte superaría a los humanos en casi todas las tareas cognitivas.

Ante este panorama sería importante preguntarse sobre lo que sucederá si la búsqueda de una IA fuerte tiene éxito y un sistema de IA se vuelve mejor que los humanos en todas las tareas cognitivas. Esto no es nada nuevo, se ha advertido desde hace mucho.

El matemático I. J. Good, que trabajó en la Segunda Guerra Mundial descifrando los códigos secretos de los alemanes y que en el año 1965 publicó unos tratados sobre especulaciones de la primera máquina ultrainteligente y la lógica del hombre y la máquina, dijo: «Deje que una máquina ultrainteligente se defina como una máquina que puede superar con creces todas las actividades intelectuales de cualquier hombre, por inteligente que sea. Dado que el diseño de máquinas es una de estas actividades intelectuales, una máquina ultrainteligente podría diseñar máquinas aún mejores; indudablemente habría una "explosión de inteligencia", y la inteligencia del hombre quedaría muy atrás. Así, la primera máquina ultrainteligente es el último invento que el hombre necesita hacer».

Muchos investigadores coinciden en decir que están de acuerdo en que es poco probable que una IA muestre emociones humanas como el amor o el odio, no hay razón, según ellos, para esperar que la IA se vuelva intencionalmente benévola o malévola. En cambio, al considerar que la IA podría volverse un riesgo, ellos dicen que hay dos escenarios como que se programa para hacer algo devastador o para hacer algo bueno pero que para hacerlo desarrolle un método destructivo para lograrlo.

«Entonces, frente a posibles futuros de beneficios y riesgos incalculables, los expertos seguramente están haciendo todo lo posible para garantizar el mejor resultado, ¿verdad? Incorrecto. (…) Aunque estamos enfrentando potencialmente lo mejor o lo peor que le ha pasado a la humanidad, se dedica poca investigación seria a estos temas». Esto lo dijeron en una carta no cuatro locos que hablan de conspiraciones, sino cuatro grandes mentes: Stephen Hawking, Stuart Russell (profesor de Ciencias de la Computación en Berkeley y coautor de *Inteligencia artificial: un enfoque moderno*), Frank Wilczek (profesor de Física en el MIT y premio Nobel 2004 por su trabajo en la fuerza nuclear fuerte).

Hay más tela, hubo otra persona y esta es Max Tegmark, profesor de Física e Investigación de IA en el MIT es de los más importantes defensores y promotores del uso positivo de la tecnología como presidente del Future of Life Institute, es de los pocos investigadores que buscan el buen uso de la IA. Es autor de más de 250 publicaciones y varios libros ampliamente vendidos. En la carta que también firmó, decía: «Todos nosotros, no solo los científicos, industriales y generales, debemos preguntarnos qué podemos hacer ahora para mejorar las posibilidades de obtener los beneficios y evitar los riesgos».

Cuál es el mayor temor con la IA

No se tiene un límite con lo que pueda pasar si se optimiza una máquina y estas superan al hombre. Pero imaginen por un momento en los líderes del mundo, que tienen control sobre la IA y la pueden impulsar en todo el mundo. Sería algo abrumador. Entonces es peor si esa persona puede controlar la IA, si lo hace un dictador y no un líder bueno. La historia nos ha dejado horribles experiencias con este tipo de gente. Entonces, hay que imaginar si los seguidores son máquinas totalmente obedientes.

Ya no se habla de pensar en lo que pueda pasar con la IA, sino en lo que queremos que ocurra. No debemos pensar en lo que pasará, sino preguntar lo que pasaría si…

El futuro no está escrito. Depende de nosotros cómo va a ser, podemos compartir una visión positiva, pero suele suceder lo opuesto. Me gusta compararlo con la manera en la que la gente piensa de manera individual sobre el futuro. Un ejemplo, si se va y se ve una película de ciencia ficción donde se ve que se está haciendo una lista de todas las cosas malas que pueden pasar, porque la película va así. Pero no es eso lo que hay que hacer. Debemos tener visión más optimista del futuro.

Es difícil tener una visión saludable si revisamos la historia de la humanidad.

Se tiene el potencial con la IA para amplificar la inteligencia humana, dándole solución a los problemas que pasamos. Podemos pensar que el cáncer no se cura, pero esto es falso. La verdad es que se puede curar, solo que no se tiene la inteligencia suficiente para lograrlo. Sería bueno que por medio de la IA pudiéramos resolver todos estos problemas que hoy no se pueden solucionar. Como el tema de la pobreza, los problemas del clima. Cosas ilimitadas y oportunidades. Si se tiene gente enfocada en colaborar para conseguir soluciones, se encontrarán. Pero vamos en la dirección incorrecta. Lo que sucede es que se incrementa el desempleo, aumenta la inequidad y en muchos partes los pobres se hacen más pobres.

La tecnología avanza más rápido que las leyes, la IA está aquí con nosotros, pero aún no se legisla.

Pero no, este es un problema bastante serio, se toma mucho tiempo en crear legislaciones, para cuando se tengan será tarde. Porque la tecnología habrá evolucionado, la clave es crear una línea moral que rechace el uso negativo de la tecnología. Este es un ejemplo, si las armas biológicas no fueran ilegales la gente igual tiene claro que son malísimas. Es como si te ofrecieran trabajar en un sitio de pornografía infantil. La gente sabe que es asqueroso y lo piensa así y además afecta la democracia. Incluso si fuera legal, habría formas de parar su uso.

Además de este escenario apocalíptico, es preocupante el tema a nivel laboral. Porque seguramente muchas profesiones desaparecerán.

Hay carreras que van a desaparecer, trabajos repetitivos que no involucran contacto con otros humanos, pero, lo que es más importante, es que en muchos sitios se perderán funciones y esto quiere decir que cualquier trabajo a hacerse tendría que pasar por la IA, luego desde allí se trabajaría en ser más productivo.

Las máquinas van a reemplazar a los humanos en muchas cosas. La inteligencia artificial progresa, esto hará los trabajos más económicos, entonces, tocará preguntarse si se quiere que cada día los humanos trabajen menos y se sienten a tomar margaritas y los niveles de empleo aumenten hasta llegar al hambre.

Tiene más sentido que los gobiernos y las empresas generen más empleos donde la gente sea feliz. Los trabajos no solo nos dan dinero, nos dan un propósito, nos dan amigos, una sociedad para ser más feliz, donde se tengan humanos haciendo las cosas que aman hacer.

La educación tiene su participación aquí también. La IA puede hacer de la educación algo mejor. Tenemos dos vertientes, como transformarla para que sea mejor, la segunda educar para que la gente florezca en un espacio con la IA como reina.

YA NUESTRO MUNDO NO SERÁ IGUAL, A QUÉ DEBEMOS ATENERNOS

Esta situación de salud nos puso el mundo patas arriba este 2020. Muchos de nosotros, incluyendo a gobiernos, empresas y ciudadanos, hicimos frente a la situación con la esperanza de que las cosas volvieran a la normalidad lo más pronto posible.

Sin embargo, el virus es un punto de inflexión. Hay tendencias evidentes, otras tardarán un tiempo en cristalizar, pero algo es claro: cuando la pandemia retroceda y recuperemos las calles, el mundo va a ser otro.

A nivel gobierno, este tema de salud es una prueba para mostrar la valía en el mundo. Muchos ejecutivos de todo espacio político están siendo cuestionado por las ciudadanías ante el manejo de la epidemia. En el caso de Reino Unido, Colombia, Brasil, México y Cuba, por mencionar algunos casos, las cosas se han sabido sobrellevar, a pesar de protestas o tensiones por cambios de gobierno.

Un caso para ver es el de Rusia, los medios controlados por el Kremlin llevan meses afirmando que la gestión de la crisis es perfecta. A lo mejor la gran extensión que tiene, junto con la despoblación ha ayudado. Pero el alcance de la corrupción y la incompetencia de las autoridades locales hace dudar de que todo esté bien. A saber si esto debilite a Putin a largo plazo o no, veremos qué sucede.

En cuanto al virus, este volverá, pero no de la misma forma. Esto que nos ha pasado tiene que servirnos de lección a los gobiernos y a las empresas del mundo. Hay muchas cosas que no sabemos de este mal. A lo mejor desaparezca y no sepamos muchas más. Muchos expertos afirman que es una enfermedad estacional que regresará cada cierto tiempo. Sin embargo, han cambiado varias cosas, primero es improbable que cause el mismo nivel de pánico social, bursátil y político. El haber sobrevivido a esto es una experiencia que genera resiliencia en los humanos.

Entonces, cuando vuelva a presentarse, las reacciones van a ser menos irracionales. Ahora, es probable que una parte de la población desarrolle una inmunidad al mal y esto reduzca su impacto. Finalmente, se tiene que admitir que, pese a los avisos de los especialistas desde hace años, esta pandemia nos tomó desprevenidos. Para otras ocasiones, esperemos que los gobiernos tomen medidas más audaces y protocolos distintos que se basen en la detección temprana y en la realización de la prueba de manera masiva en las primeras etapas en vez de tener que ir a confinamientos duros como el de este año.

Para ir finalizando, algunos filósofos dicen que la población está dispuesta a entregar la privacidad a cambio de seguridad. Esto lo pudimos ver en China, donde el gobierno aprovechó los móviles para controlar los movimientos de las personas durante la cuarentena. Otros lo han imitado con manillas digitales para monitorear pasos y estado de salud, temperatura y cambios fisiológicos.

Este mal ha forzado a muchos a trabajar desde el hogar. Microsoft registró un aumento de 2,7 mil millones de minutos en reuniones en un solo día, más de 200 % de la cifra normal.

La demanda por la suite Teams aumentó en el mundo de 32 millones a 44 millones de usuarios.

Algo parecido ha sucedido con Zoom, la aplicación de la que ya te hablé antes, con grandes descargas en estos tiempos. Esto no es algo temporal. El mundo ha cambiado. El teletrabajo ha aumentado, es posible que ciertos casos y sectores económicos también. Muchas empresas van a evaluar el costo-beneficio de este modelo y todo será completamente distinto.

Conclusión

El mundo ha dado un giro total. Vemos todo de forma distinta. Ahora el teletrabajo es una palabra común. Se ven las ventajas de este, como la mayor productividad por la ausencia de desplazamientos, los costos menores en oficinas y el fin del fenómeno de calentar sillas.

Para algunos ha sido un modelo ideal. Aunque algunos de ellos van a querer volver a la normalidad, la verdad es que, con los cambios económicos, sociales y de perspectiva, todo ha cambiado para siempre.

A nivel educacional las cosas también han cambiado, las clases presenciales se dieron poco a poco, acorde a las circunstancias de cada uno. A muchos no les gustó esto, pero no tenían de otra. Los colegios cerrados siguieron clases a distancia.

El uso de las TIC les ha permitido mantenerse conectados, pero claro, aún queda mucho por mejorar para que esto en realidad sea un verdadero plan efectivo. Los que no tienen acceso a la educación o peor, aquellos de bajos recursos que no tienen ni una silla para sentarse a estudiar, porque hay casos. En ocasiones algunos gobiernos le dieron el ordenador, pero no tenían ni dónde ponerlo porque ni mesa tenían, menos internet, y electricidad, si acaso.

En fin, la gente ha cambiado con este mal, desde la forma en la que se saluda, que no se da la mano sino el codo, o el hacer señal con la mano al estilo chino. Se estableció una distancia de dos metros. Esto es un reto para muchos.

En China permite un comensal por mesas o ponen en cubículos separados por vidrios. En Japón había caminadoras con paredes de vidrio como los de las duchas.

Adoptamos la cultura pandemia, obsesivos con la limpieza, preocupados por lo que tocamos porque podría tener el microbio.

Pero más allá de eso, lo que nos espera es aprender a lidiar con todo el mundo que tenemos, desde aprender a cuidarnos de los piratas, hasta conocer más de las criptomonedas, de los negocios digitales, del teletrabajo y de aprender a vivir en la era digital. A pesar de las brechas.

No quiero cerrar sin ponerte a reflexionar sobre algunos de los puntos que tratamos aquí. A ver, ¿qué esperas que suceda con la economía luego de esta situación pandémica que ha padecido el mundo?

¿Podremos salir adelante? En mi humilde opinión va a suceder como siempre se ha visto en la fauna humana a lo largo de los años. Algunos van a poder sobrevivir a la debacle y aprovecharán esta situación para crecer como empresarios. Saldrán nuevos emprendimientos, partiendo desde la misma situación, por ejemplo, en varios países del mundo, se ven emprendedores sacando su propia línea de tapabocas, de calidad, con temas y que se venden muy bien, se ven unidades que se encargan de desinfectar, casas, negocios y donde le llamen.

Otros, viendo las cenizas de algún emprendimiento que ha cerrado a causa de la situación, han aprovechado y han sacado una solución para ese nicho.

Así es el mundo, este momento, más que el apocalipsis que pintan mucho es en realidad el paso a una transformación, como lo ha hecho siempre la humanidad.

Muchos de estos emprendimientos saldrán abrazados de lo que ya hemos tratado: el teletrabajo, seguramente los negocios funcionarán de manera remota, con equipo que opere desde distintas partes del mundo, porque el teletrabajo, ya desde antes de la pandemia, iba creciendo, por ejemplo, en Estados Unidos, cerraban empresas porque les salía más rentable operar solo online, contrataban equipo que distribuyera y salían de muchos empleados y gastos en sedes físicas.

Otro ejemplo es Amazon, que tiene en Estados Unidos la sede donde la cantidad inmensa de envíos es procesada por máquinas. Inteligencia artificial, equipos sofisticados que tienen al personal al mínimo.

Así como va a crecer el espectro del teletrabajo y la robotización, crecerá el pago online, las monedas virtuales y se empoderarán más las criptomonedas, que tratamos ampliamente en su momento.

Quiero ir cerrando esta conclusión hablando de algo que es preocupante. ¿Sabes quién es Elon Musk? Este visionario increíble, el primero que logró que se lanzara un cohete a la Estación Espacial Internacional de una empresa privada, SpaceX, con astronautas, lo que no se hacía en suelo estadounidense desde 2011 y sucedió en 2020, en plena época de virus. Este hombre, uno de los más ricos del mundo, tiene una empresa para enfrentar un posible ataque de la inteligencia artificial.

¿Crees que algún día podrá rebelarse la inteligencia artificial contra nosotros? Similar a como lo hemos visto en innumerables películas.

Es inquietante porque no es solo basado en nuestra lógica, sino en lo que han dicho las grandes mentes al respecto. Incluso, le ponen fecha: para 2040. Ya veremos si llegamos allá y si sucede.

Otra inquietud es si estamos frente a una realidad schumpeteriana. Este es el concepto de la destrucción creativa que habla de una destrucción impuesta de una masa de fuerzas productivas.

Son tantas las inquietudes que tenemos, muchas respuestas, pero ¿cuál es real? Solo el tiempo nos lo dirá.

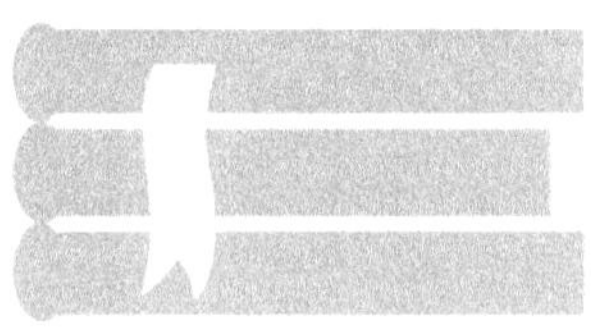